Kokosnuss möchte für seine Freunde einen Eintopf zubereiten. Im Buchstaben-Salat sind fünf Zutaten für eine Suppe versteckt. Kannst du sie finden? Kreise die Wörter ein.

A	C	D	X	B	I	L	O	M	O	P	P
D	K	A	R	O	T	T	E	N	L	H	G
G	A	R	Z	H	L	O	N	A	I	X	R
U	R	L	A	H	B	M	L	U	X	H	I
W	T	U	H	U	L	A	H	R	S	Z	O
X	O	Z	P	M	A	T	O	L	A	H	G
A	F	F	Z	W	I	E	B	E	L	N	S
D	F	E	L	V	Z	N	N	E	Z	H	L
O	E	S	T	B	L	O	N	X	I	N	E
H	L	T	O	I	R	A	S	L	H	R	O
M	N	S	R	D	N	G	H	D	O	H	I

Lösung:

KAROTTEN, KARTOFFELN, TOMATEN, ZWIEBELN, SALZ

Nach einer Reise durch die Zeit schauen Kokosnuss, Oskar und Matilda ihre Fotos an. Die Aufnahme zeigt eine Reisebekanntschaft, die die drei Freunde beeindruckt hat. Ordne die Bildstreifen in der richtigen Reihenfolge, dann erkennst du, wen das Foto zeigt.

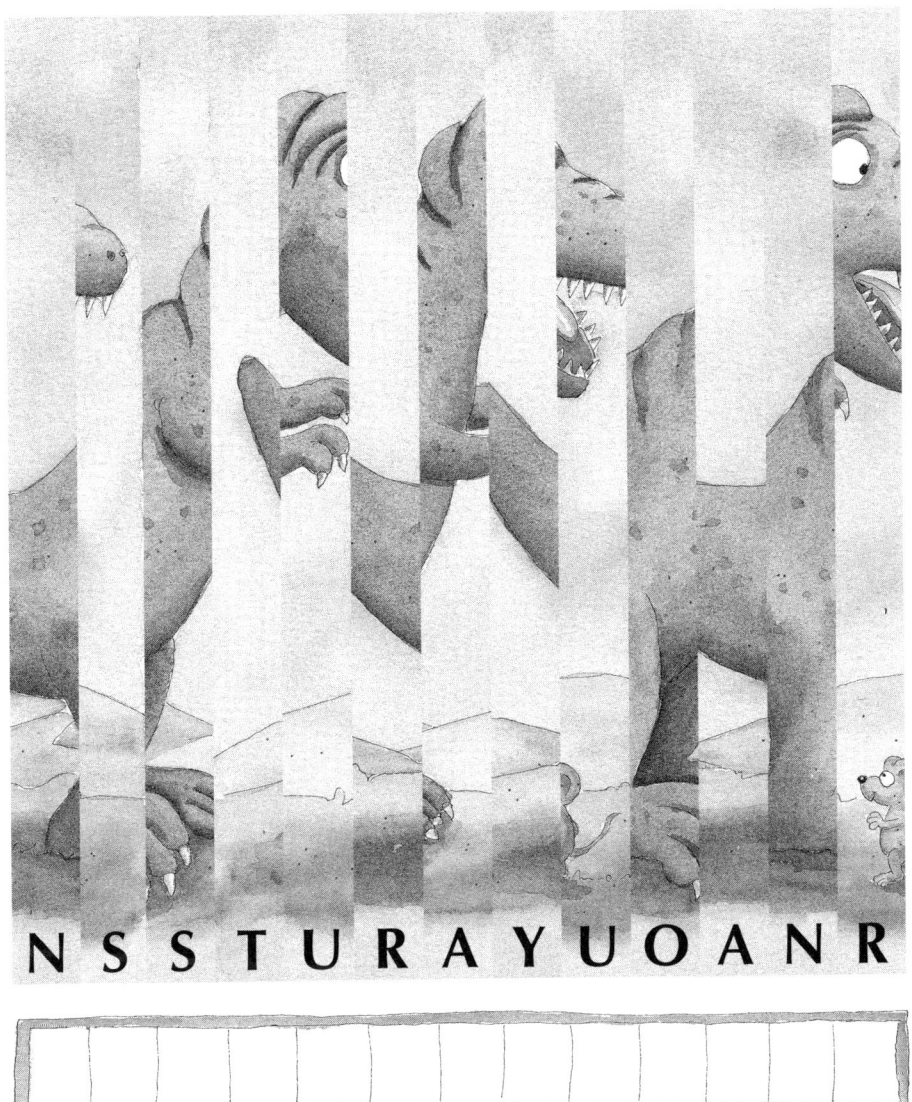

T Y R A N N O S A U R U S

Lösung:

Wie heißt der riesige Meeresdrache, mit dem Matilda, Kokosnuss und Oskar befreundet sind? Sein Name ist in der Buchstabenschlange versteckt. Finde die richtigen Buchstaben und trage sie in die unteren Kästchen ein.

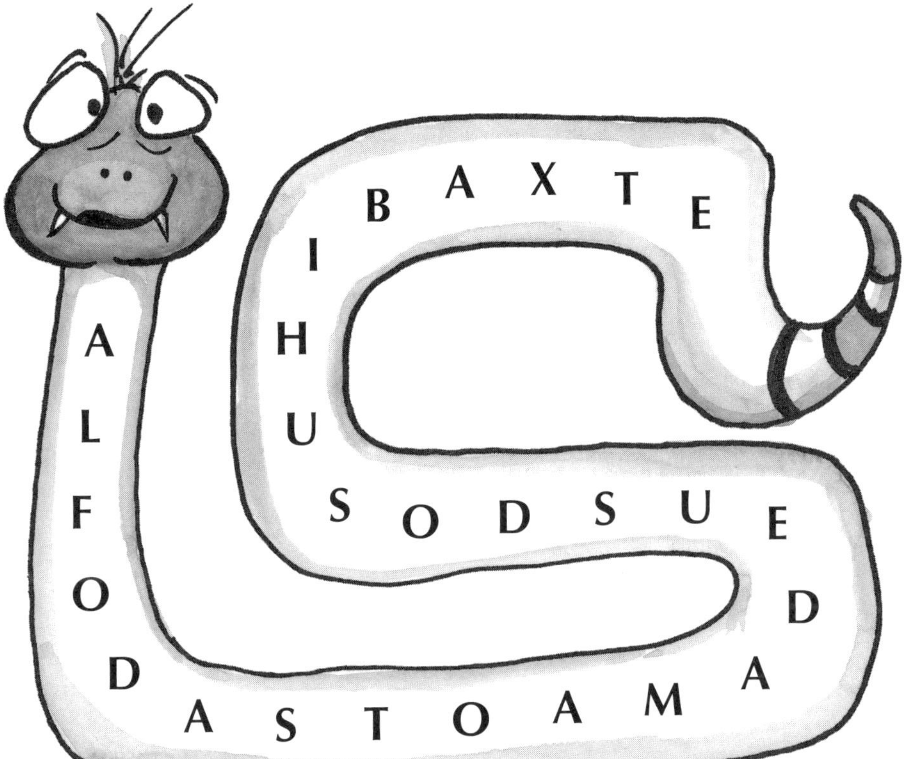

Lösung:

Der Meeresdrache heißt **AMADEUS**.

Erkennst du die beiden Bewohner der Dracheninsel, die oben links gezeichnet sind? Wenn du das Kreuzworträtsel löst, erfährst du, wie der beste Freund dieser beiden heißt? Trage die Lösungsbuchstaben in der richtige Reihenfolge in die unteren Kästchen ein. Was liest du?

Lösung:

HA**US**, BA**N**ANE, **S**A**C**K,
TA**SS**E, AUT**O**, **K**ROKODIL

→ Der Freund von Matilda und
Oskar heißt **KOKOSNUSS**.

Was befindet sich in den Geburtstags-Päckchen? Wenn du die Buchstaben in die richtige Reihenfolge bringst, kannst du es lesen.

Lösung:

In den Päckchen befinden sich:
BONBONS, BUCH,
MALKASTEN, UHR, WECKER

Die Freunde haben am Strand eine Flaschenpost gefunden. Leider ist der Brief in der Flasche nass geworden und die Schrift zum Teil verwischt. Kannst du den Text trotzdem entziffern? Trage die fehlenden Buchstaben unten in die Kästchen ein.

Lösung:

HILFE!

ICH BIN GEFANGEN
VON DER GROSSEN
KRAKE!

PIETER BACKBORD

Erkennst du die Dame, die hier abgebildet ist? Wenn du nicht weißt, wer das ist, schreibe die Bezeichnungen der Bilder in die Kästchen, dann erscheint in der Mitte ihr Name.

Lösung:

HERZ, FEU**E**R, MI**X**ER, HAK**E**N,
WU**R**ST, H**U**T, **B**ALL, E**I**S,
NAGEL, SCH**I**RM, **A**NGEL

→ Das ist die **HEXE RUBINIA**.

Hoch oben im Blätterwald entdeckt Kokosnuss ein seltsames Tier. Wie heißt es, erfährst du, wenn du die Blätter der Größe nach ordnest und die Buchstaben auf das unterste Blatt schreibst. Der erste Buchstabe steht auf dem kleinsten Blatt

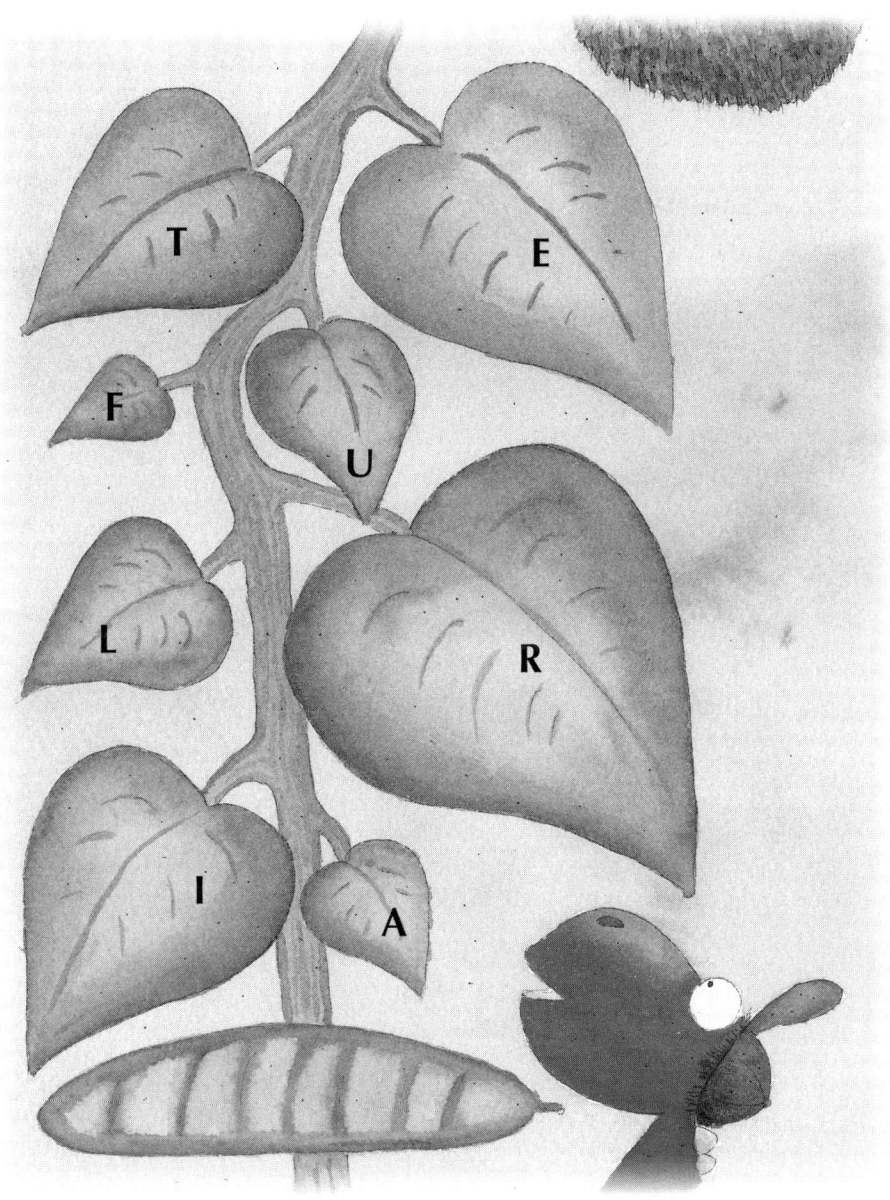

Lösung:

Im Blätterdach sitzt ein
FAULTIER.

Oskar findet die Römerzeit toll und würde gern das Leben eines Gladiators führen. Was braucht er, um ein richtiger Gladiator zu sein? Schreibe die Lösungsbuchstaben in der richtigen Reihenfolge in die Kästchen.

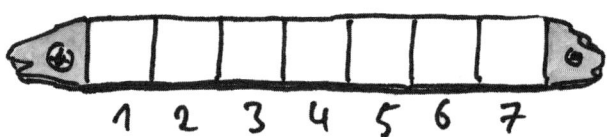

Lösung:

HOSE, BLUT, TU**R**M, HU**T**,
SCHLANGE, **S**CHALTER,
WURM

➔ Jeder Gladiator braucht ein
SCHWERT (= Gladius).

Der Schlimme Jim hat Kokosnuss gefangen und auf dem Schiff festgesetzt. Wie er das gemacht hat, erfährst du, wenn du das Kreuzworträtsel löst. Trage die Lösungsbuchstaben in der richtigen Reihenfolge unten in die Kästchen ein.

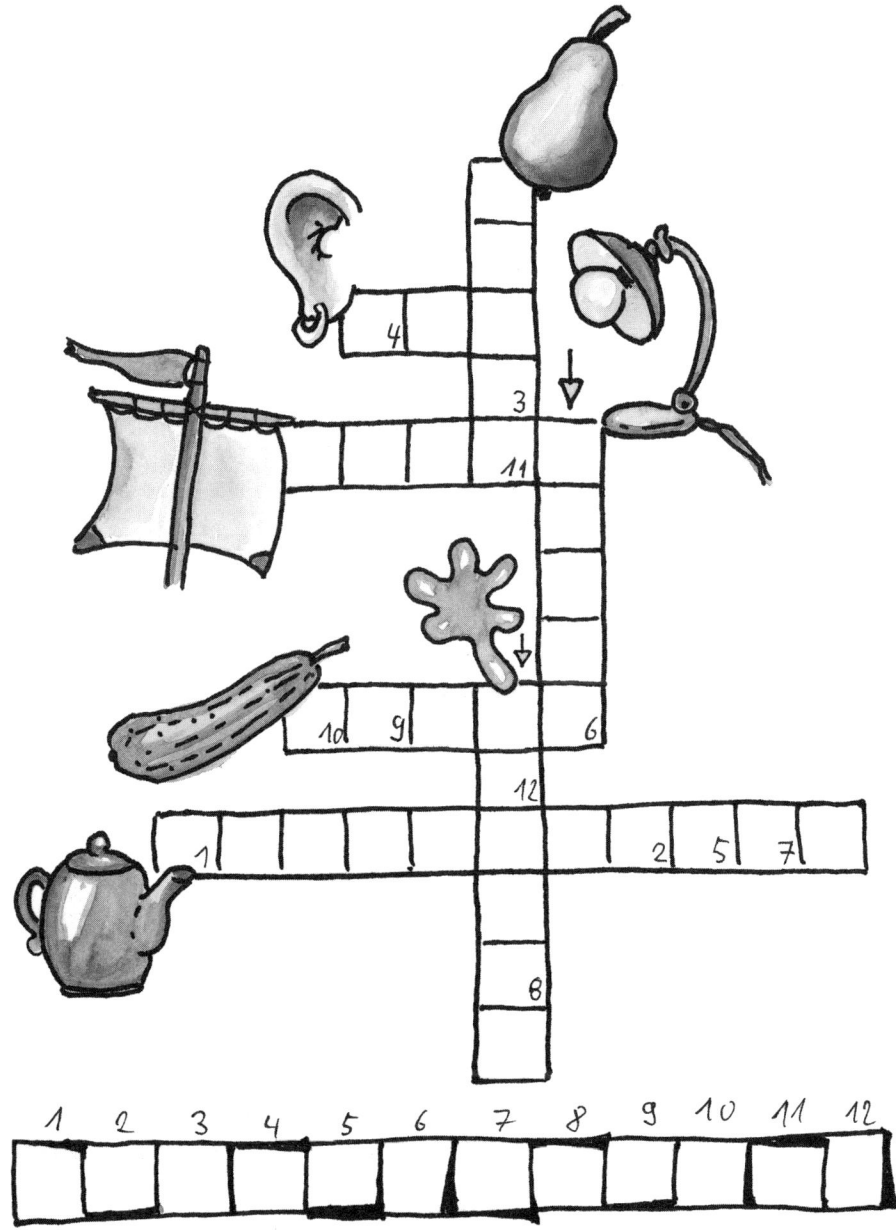

Lösung:

BIR**NE**, **O**HR, SEGE**L**,
LAMP**E**, KLEC**KS**, **GU**RK**E**,
KAFFEEK**ANNE**.

→ Kokosnuss wurde an
einer **KANONENKUGEL**
festgebunden

Kokosnuss, Matilda und Oskar werden bei der Büffelsuche von amerikanischen Ureinwohnern beobachtet. Zu welchem Stamm gehören sie? Schreibe die Rauchzeichen-Buchstaben in der richtigen Reihenfolge in die Kästchen.

Lösung:

Die amerikanischen
Ureinwohner gehören zum
Stamm der SIOUX.

Kokosnuss hat aufgeschrieben, was er sich zum Geburtstag
wünscht. Leider sind Regentropfen auf seinen Wunschzettel
gefallen. Wenn du die fehlenden Buchstaben in den Kästchen
ergänzt, kannst du seine Wünsche lesen.

Lösung:

Kokosnuss wünscht sich:
TROMPETE,
KÄSEKUCHEN,
FAHRRAD,
TASCHENMESSER

Auf dem Weg zur Schule fällt Kokosnuss ein, dass er etwas vergessen hat! Wenn du die Buchstaben in der Reihenfolge in die unteren Kästchen einträgst, in der er die Buchstaben verloren hat, weißt du, was noch zu Hause liegt.

Lösung:

SEIN PAUSENBROT liegt zu Hause.

Die Schrift der Wikinger besteht aus Buchstaben, die man Runen nennt. Gudröd schreibt einige Runen in den Sand. Was hat Gudröd geschrieben? Schreibe die richtigen Buchstaben dafür in die Kästchen.

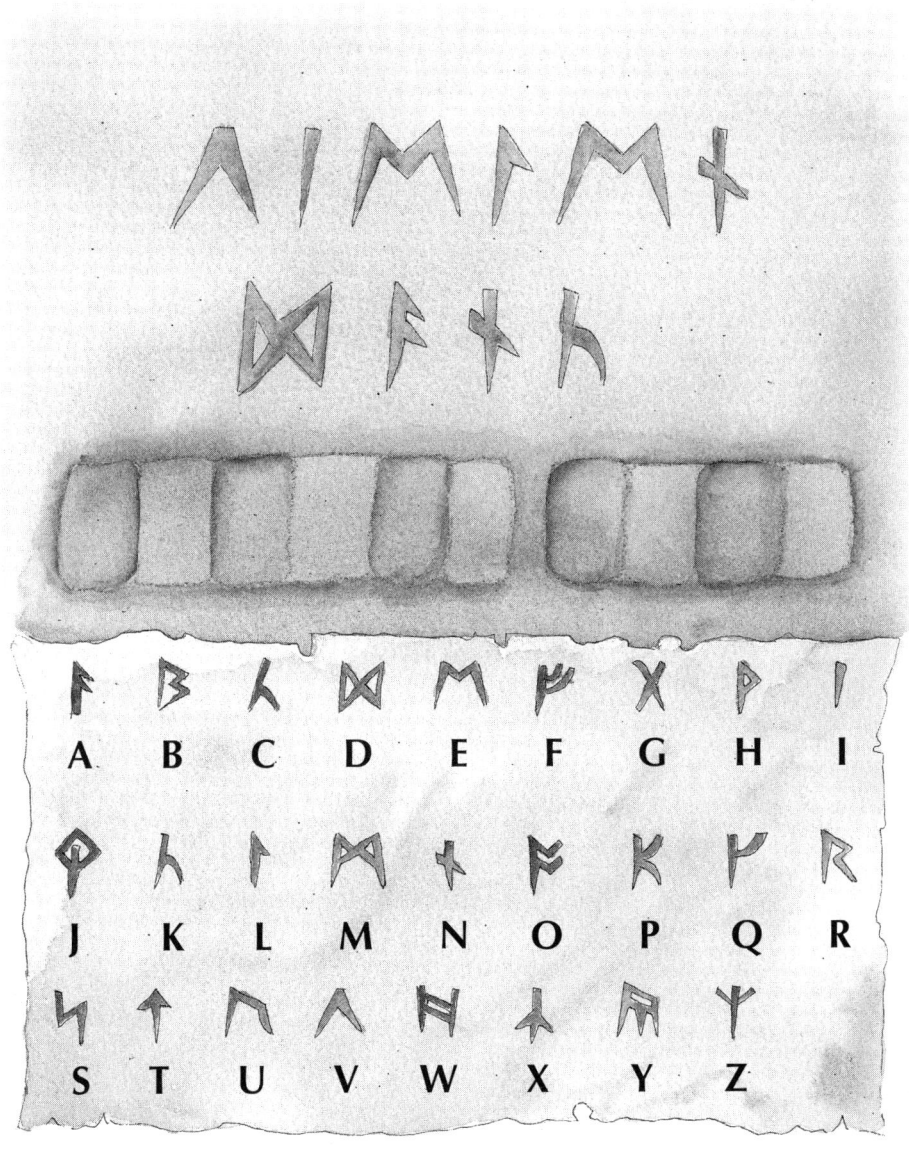

Lösung:

Gudröd schreibt VIELEN DANK.

Kennst du dich auf der Dracheninsel aus? Wenn ja, dann findest du sicher ohne Probleme die Namen von sechs Gebieten, die sich hier im Buchstabengitter verbergen.

A	H	H	U	X	R	T	Z	L	L	U
I	I	M	R	H	Z	K	S	U	L	X
G	M	I	U	H	D	L	I	X	O	H
Z	M	N	R	B	N	I	E	H	M	N
N	E	Z	W	O	B	P	B	X	U	H
A	L	D	A	I	X	P	E	O	Q	P
H	S	O	L	Y	T	E	N	G	X	R
I	K	C	D	Z	O	N	S	N	M	L
G	R	O	S	S	E	W	Ü	S	T	E
H	A	L	E	O	D	A	M	A	Y	X
A	T	O	E	Z	B	L	P	B	H	G
A	Z	H	L	F	T	D	F	M	N	L
C	E	X	B	C	S	M	E	R	H	U
G	R	Ü	N	L	A	N	D	T	G	Z

Lösung:

URWALDSEE, KLIPPENWALD, HIMMELSKRATZER, GRÜNLAND, GROSSE WÜSTE, SIEBEN SÜMPFE

A	H	H	U	X	R	T	Z	L	L	U
I	I	M	R	H	Z	K	S	U	L	X
G	M	I	U	H	D	L	I	X	O	H
Z	N	N	R	B	N	I	E	H	M	N
N	E	Z	W	O	B	P	B	X	U	H
A	L	D	A	I	X	P	E	O	Q	P
H	S	O	L	Y	T	E	N	G	X	R
I	K	C	D	Z	O	N	S	N	M	L
G	R	O	S	S	E	W	Ü	S	T	E
H	A	L	E	O	D	A	M	A	Y	X
A	T	O	E	Z	B	L	P	B	H	G
A	Z	H	L	F	T	D	F	M	N	L
C	E	X	B	C	S	M	E	R	H	U
G	R	Ü	N	L	A	N	D	T	G	Z

Die Vögel im Wald singen laut. Kokosnuss will wissen, wie gut er trotzdem hören kann. Oskar sagt einige Wörter vor und Kokosnuss muss sagen, wo er die Laute hört, die links neben den Kästchen stehen. Am Anfang in der Mitte oder am Ende? Kreuze das richtige Kästchen an.

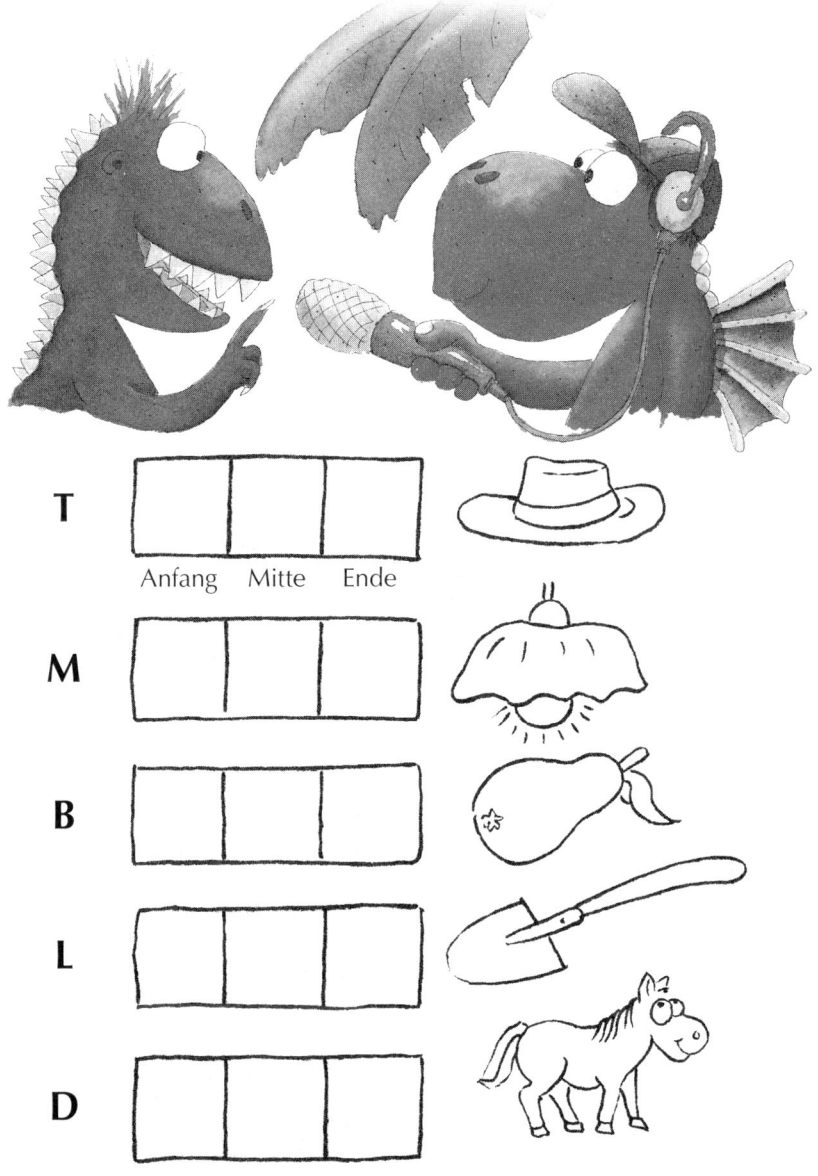

T

Anfang   Mitte   Ende

M

B

L

D

Lösung:

Das T von Hut steht am Ende.

Das M von Lampe steht in der Mitte.

Das B von Birne steht am Anfang.

Das L von Schaufel befindet sich am Ende,

das D von Pferd ebenfalls.

Die Freunde Kokosnuss, Matilda und Oskar planen einen Ausflug. Wohin die Reise geht, erfährst du, wenn du das Kreuzworträtsel gelöst hast. Dann musst du die Lösungsbuchstaben in der richtigen Reihenfolge unten eintragen.

Lösung:

**LAMPE, ROSE, SCHLANGE,
PINGUIN.**

→ Die Freunde fahren nach
PARIS.

Auf welchen Turm möchte der kleine Feuerdrache gerne mal steigen? Trage die Begriffe in die Kästchen ein, dann wird der Name des Turms in der Mitte zu lesen sein.

Lösung:

ZIEGE, IGLU, LÖFFEL, FISCH,
SEESTERN, ROLLER, KISTE,
UFO, BROT, AMPEL.

➔ Kokosnuss möchte auf den
EIFFELTURM steigen, der in
Paris steht.

Schau dir die Gegenstände an und schreibe die Begriffe mit Groß-
buchstaben in die Kästchen. In der Mitte kannst du lesen, wen
Kokosnuss auf die Wanderung mitnehmen möchte.

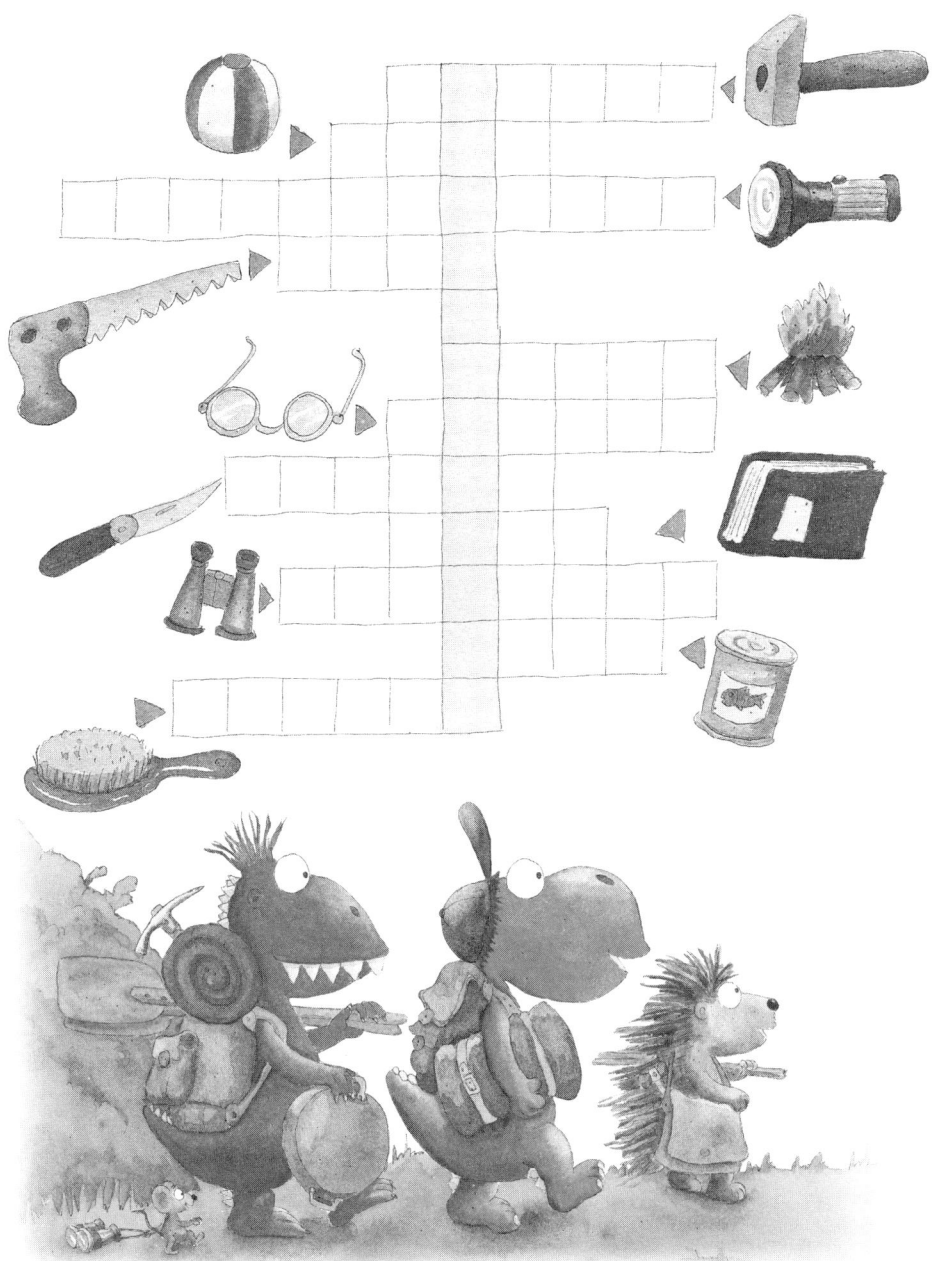

Lösung:

HAMMER, BALL,
TASCHENLAMPE, SÄGE, FEUER,
BRILLE, MESSER, BUCH,
FERNGLAS, DOSE, BÜRSTE

→ **ALLE FREUNDE**

Abends am Lagerfeuer erzählen sich die Freunde die allergruseligsten Geschichten von Gespenstern und Monstern. Auch vor Vampiren fürchten sie sich nicht. Denn sie wissen, wie man die Blutsauger vertreiben kann.

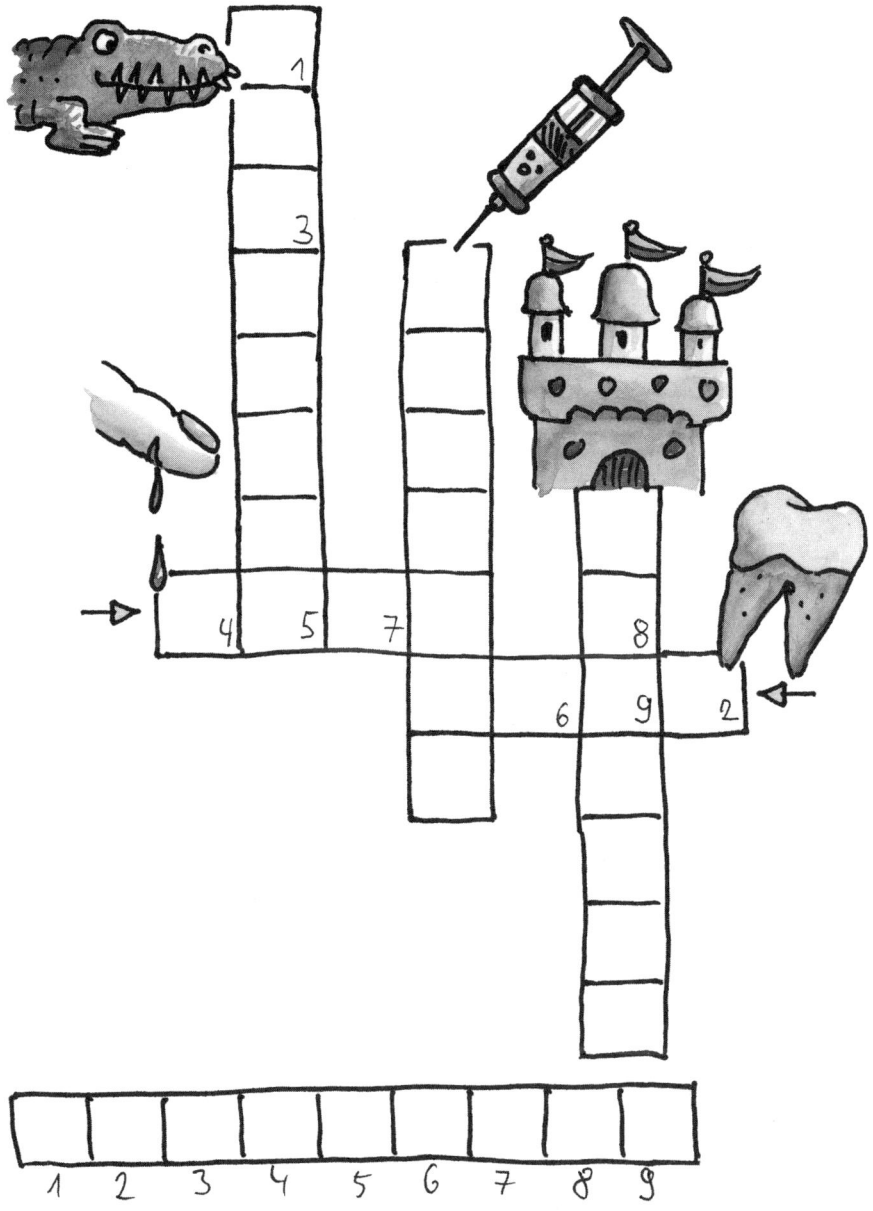

Lösung:

KR**O**KOD**IL**, SPRITZE,
SCHLOSS, **BL**UT, **Z**A**HN**.

→ Mit **KNOBLAUCH** kann
man Vampire vertreiben.

Kokosnuss taucht im Ozean nach Pieter Backbords Amulett. Das Amulett findet er nicht, aber er entdeckt acht erstaunliche Dinge unter der Meeresoberfläche. Die Begriffe verstecken sich in diesem Buchstaben-Salat.

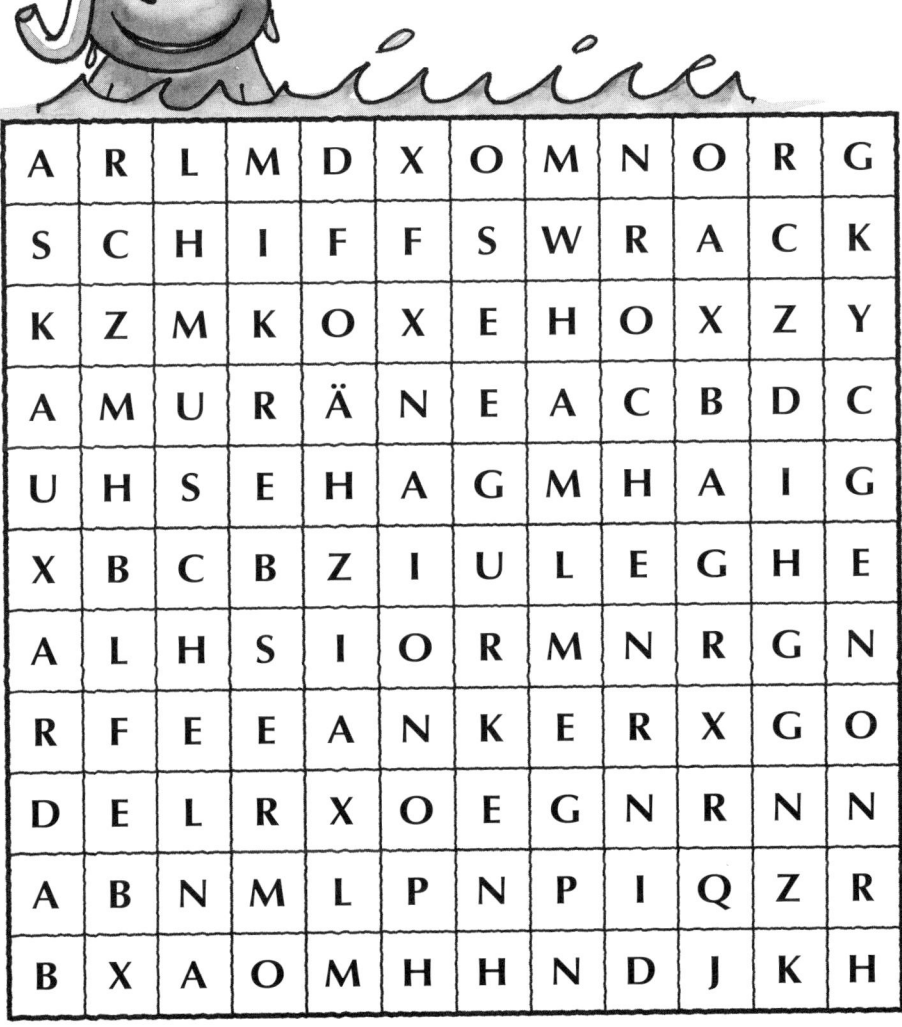

A	R	L	M	D	X	O	M	N	O	R	G
S	C	H	I	F	F	S	W	R	A	C	K
K	Z	M	K	O	X	E	H	O	X	Z	Y
A	M	U	R	Ä	N	E	A	C	B	D	C
U	H	S	E	H	A	G	M	H	A	I	G
X	B	C	B	Z	I	U	L	E	G	H	E
A	L	H	S	I	O	R	M	N	R	G	N
R	F	E	E	A	N	K	E	R	X	G	O
D	E	L	R	X	O	E	G	N	R	N	N
A	B	N	M	L	P	N	P	I	Q	Z	R
B	X	A	O	M	H	H	N	D	J	K	H

Lösung:

Kokosnuss entdeckt MUSCHELN,
SEEGURKEN, SCHIFFSWRACK,
MURÄNE, ANKER, KREBSE,
ROCHEN, HAI

A	R	L	M	D	X	O	M	N	O	R	G
S	C	H	I	F	F	S	W	R	A	C	K
K	Z	M	K	O	X	E	H	O	X	Z	Y
A	M	U	R	Ä	N	E	A	C	B	D	C
U	H	S	E	H	A	G	M	H	A	I	G
X	B	C	B	Z	I	U	L	E	G	H	E
A	L	H	S	I	O	R	M	N	R	G	N
R	F	E	E	A	N	K	E	R	X	G	O
D	E	L	R	X	O	E	G	N	R	N	N
A	B	N	M	L	P	N	P	I	Q	Z	R
B	X	A	O	M	H	H	N	D	J	K	H

Matilda hofft, dass es bei der Geburtstagsparty auch ihre Lieblingsspeise gibt. Trage in die waagrechten Kästchen ein, was du auf den Bildchen siehst. Dann kannst du in der senkrechten dick umrandeten Spalte Matildas Lieblingsspeise lesen.

Lösung:

DRACHEN, IGLU, MAUS, BÄR,
ERDBEERE, EIMER, ROLLER,
APFEL, BRILLE, DOSE

→ **HIMBEEREIS**

Wenn du die Begriffe richtig in die Käschen einträgst, kannst du in den runden Feldern (von oben nach unten) lesen, wo der Schatz versteckt ist.

Lösung:

FISCH, SCHIFF, HAMMER,
WAUWAU, SEIL, IGEL,
KOKOSNUSS, EIMER, BROT, HUT,
FLASCHE, SCHLITTEN, TASSE

→ Der Schatz liegt in der
SCHWEINEBUCHT.

Was wünscht sich Kokosnuss für seine Party? Schreibe die Bezeichnungen für die Bildchen in die waagrechten Kästchen. Kokosnuss' Wunsch erscheint dann in der dick umrandeten senkrechten Spalte.

Lösung:

Die gesuchten Begriffe lauten:
VOGEL, ZIEGE, SCHNECKE,
FLASCHE, ESEL, GURKE,
SÄGE, OSKAR, KISTE, IGEL

→ **VIELE GÄSTE**

Den ganzen Nachmittag arbeitet der kleine Drache Kokosnuss im Garten. Wenn du die Namen der Bildchen einträgst und in der richtigen Reihenfolge in die unteren Kästchen schreibst, erfährst du, was Kokosnuss gepflanzt hat.

Lösung:

SCHACH**T**EL, **D**OSE, KO**R**KEN,
DR**AC**HEN, B**IE**NE, SEKT

→ Kokosnuss hat **RADIESCHEN**
gepflanzt.

Auch Matilda hat ihren Teil des Gartens bepflanzt. Was wächst bei ihr? Wenn du die Namen der kleinen Bilder einträgst und in der richtigen Reihenfolge in die unteren Kästchen schreibst, erfährst du es.

Lösung:

MAUS, LUFTBALL**ON**, DAMPF**E**R,
MU**S**CHEL, PI**N**SEL, **B**RILLE, MO**N**D

→ Matilda hat eine **SONNENBLUME**
gepflanzt.

Der Fressdrache Oskar pflanzt am liebsten Dinge an, die er essen kann. Wenn du die Namen der Bildchen einträgst und in der richtigen Reihenfolge in die unteren Kästchen schreibst, erfährst du, was in seinem Beet wächst.

Lösung:

HUND, **B**LUME, **A**NANA**S**, **M**ÖHRE,
SCH**N**EEMANN, **B**OA

➔ Oskar hat einen **BANANENBAUM**
angepflanzt.

Im Gemüsebeet von Opa Jörgen und Oma Aurelia wächst auch eine ganze Menge. Findest du die neun Pflanzen, die man im „Gemüsebeet" unten ernten kann?

H	E	M	X	O	K	L	R	B	M	E	T
O	R	X	M	A	A	L	D	E	P	O	Z
G	D	U	L	G	R	O	E	Z	M	P	O
A	B	L	L	B	O	I	R	D	O	X	F
R	E	A	R	O	T	E	B	E	E	T	E
Q	E	N	O	H	T	X	S	Z	Z	O	R
G	R	X	E	N	E	M	E	N	O	M	R
K	E	N	H	E	N	L	N	O	M	A	A
A	N	L	I	N	I	S	E	X	O	T	L
H	J	D	M	I	L	G	X	O	H	E	B
G	U	X	D	M	N	U	U	K	L	N	D
F	T	U	L	W	I	R	S	I	N	G	R
B	L	U	M	E	N	K	O	H	L	H	O
H	O	Ö	X	O	L	E	M	E	M	M	D
J	E	M	I	X	O	N	M	U	X	L	I

Lösung:

Senkrecht:
ERDBEEREN, BOHNEN, KAROTTEN,
GURKEN, ERBSEN, TOMATEN

Waagrecht:
ROTE BEETE, WIRSING,
BLUMENKOHL

H	E	M	X	O	K	L	R	B	M	E	T
O	R	X	M	A	A	L	D	E	P	O	Z
G	D	U	L	G	R	O	E	Z	M	P	O
A	B	L	L	B	O	I	R	D	O	X	F
R	E	A	R	O	T	E	B	E	E	T	E
Q	E	N	O	H	T	X	S	Z	Z	O	R
G	R	X	E	N	E	M	E	N	O	M	R
K	E	N	H	E	N	L	N	O	M	A	A
A	N	L	I	N	I	S	E	X	O	T	L
H	J	D	M	I	L	G	X	O	H	E	B
G	U	X	D	M	N	U	U	K	L	N	D
F	T	U	L	W	I	R	S	I	N	G	R
B	L	U	M	E	N	K	O	H	L	H	O
H	O	Ö	X	O	L	E	M	E	M	M	D
J	E	M	I	X	O	N	M	U	X	L	I

Kennst du die Lieblingsspeise von Kokosnuss? Wenn du die Wörter zu den Bildchen in die waagrechten Kästchen schreibst, kannst du in der dick umrandeten senkrechten Spalte lesen, was der Feuerdrache am liebsten isst.

Lösung:

HAUS, NACHTTOPF, PFEIL, HAMMER,
BRILLE, PINSEL, ELEFANT, KAMM,
SCHLANGE, HUND, LOK, BUS, SCHWEIN,
HOSE, SONNE, PINGUIN

→ Kokosnuss liebt **APFELPFANNKUCHEN**.

Kokosnuss, Oskar und Matilda planen einen Ausflug. Wenn du die Begriffe für die Bildchen einträgst, erscheint in dem dick umrandeten Kästchen in der Mitte das Ziel des Ausflugs.

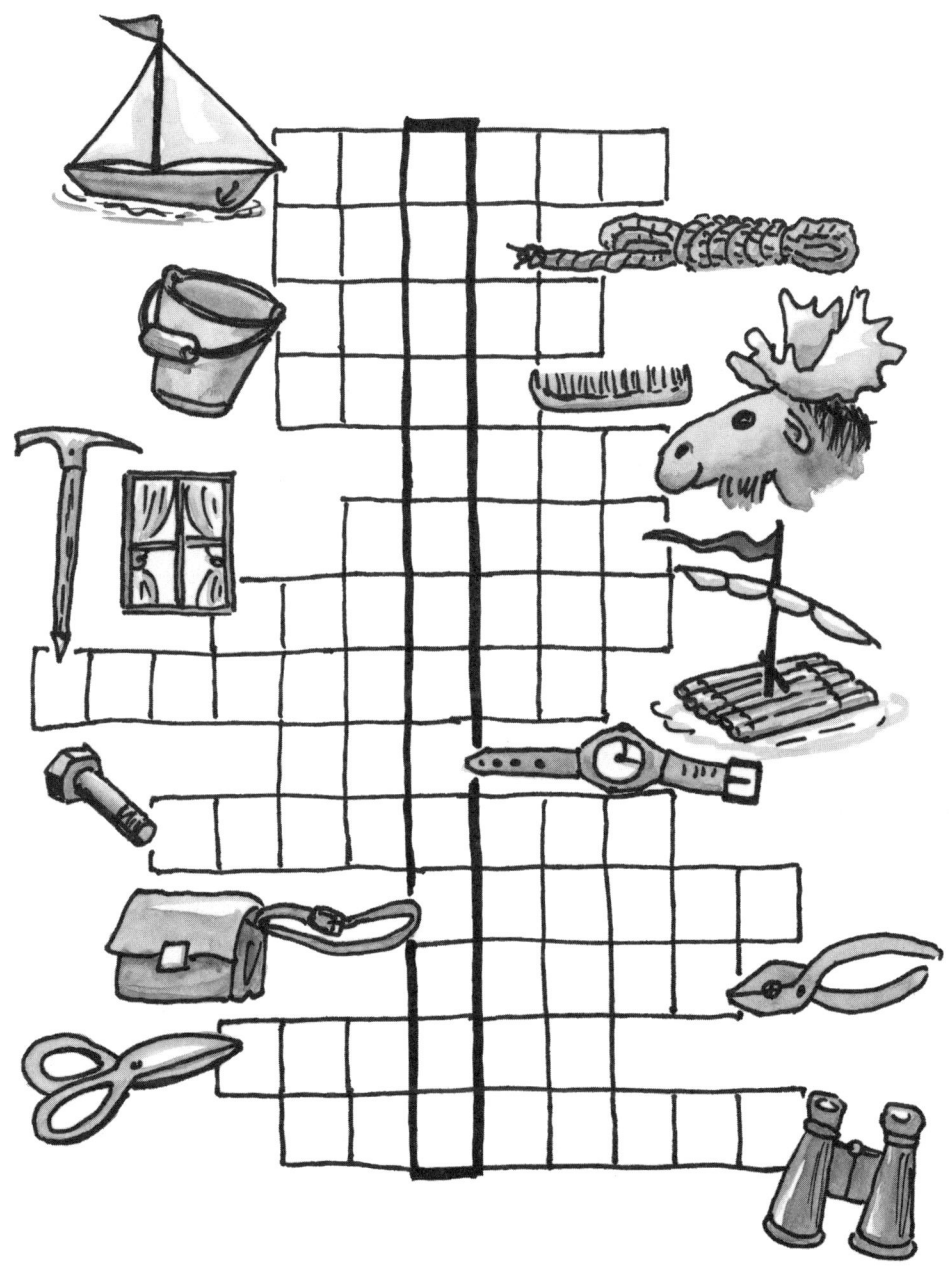

Lösung:

SCHIFF, SEIL, EIMER, KAMM,
ELCH, FLOSS, FENSTER, EISPICKEL,
UHR, SCHRAUBE, TASCHE, ZANGE,
SCHERE, FERNGLAS.

→ Die Freunde wollen in den
HIMMELSKRATZER-Bergen
eine Bergtour machen.

Zum Geburtstag hat Kokosnuss von Oskar und Matilda einen Reise-Gutschein geschenkt bekommen. Er muss nur noch das Reiseziel erraten, das in den waagrechten Kästchen erscheint, und in die Fahrkarte eintragen.

Lösung:

Senkrecht: SON**N**E, ST**E**RN,
LÖ**W**E, HAND**Y**, S**O**CKE,
KAME**R**A, **K**RUG

➔ Kokosnuss darf nach
NEW YORK reisen.

Für die Geburtstagsgäste gibt es noch einen weiteren Nachtisch. Wenn du die Begriffe für die Bildchen in die waagerechten Kästchen einträgst, kannst du in den dick umrandeten senkrechten Kästchen den Namen der Leckerei lesen.

Lösung:

GLA**S**, S**C**HIFF, TAS**CH**E,
KOMPASS, SAC**K**, R**O**SE, EIS**P**ICKEL,
B**U**CH, **D**ACKEL, WIL**D**SCHWEIN,
SE**I**FE, A**N**KER, SE**G**EL

→ SCHOKOPUDDING

Mama Mette bereitet die Lieblingsspeise von Magnus und Kokosnuss zu. Wenn du das Kreuzworträtsel löst und die Lösungsbuchstaben in die unteren Kästchen einträgst, kannst du lesen, was es gibt.

Lösung:

ZEBRA, A**P**FEL, KER**Z**E, BE**I**L, FEUER

➔ Bei Kokosnuss und seiner Familie gibt es **PIZZA**.

Der kleine Drache Kokosnuss taucht im tiefen Ozean und sucht etwas. Die Lösung besteht aus mehreren Wörtern und ist auf der großen Meeresschnecke versteckt.

Lösung:

Kokosnuss sucht
DAS AMULETT VON
PIETER BACKBORD.

Bobbi von Zitterpappel hat Kokosnuss einmal ein sehr nützliches Geschenk gemacht. Wenn du die Begriffe für die kleinen Bilder in die waagerechten Kästchen einträgst, kannst du im mittleren Kästchen lesen, was das war.

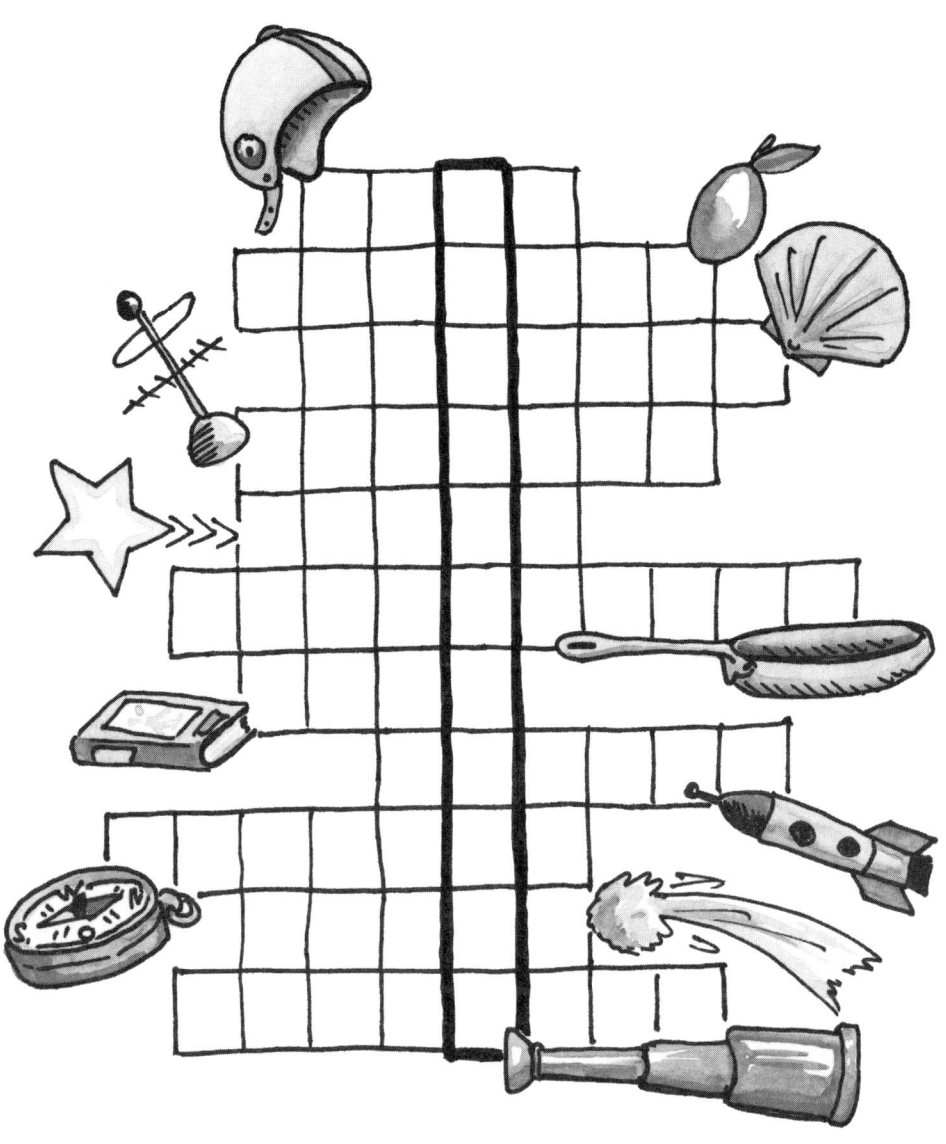

Lösung:

HELM, PFLAUME, MUSCHEL, ANTENNE,
STERN, BRATPFANNE, BUCH, RAKETE,
KOMPASS, KOMET, FERNROHR

→ Bobbi hat Kokosnuss einen
LASERPHASER geschenkt. Damit kann
man durch Raum und Zeit reisen.

Oskar weiß auch schon, was er sich zum Geburtstag wünscht. Schreibe die Wörter für die kleinen Bilder in die waagerechten Kästchen, dann kannst du Oskars Wunsch in den beiden senkrechten Spalten lesen.

Lösung:

VOGEL, E**I**S, ROBB**E**,
MAU**L**WURF, BI**E**NE

ZE**B**RA, K**A**NNE, H**A**ND, R**A**TTE,
VULKA**N**, **E**NTE, KOKOS**N**USS

→ Oskar wünscht sich
VIELE BANANEN.

Kokosnuss erzählt von seinen Abenteuern bei den Piraten. Doch wie das Schiff von Narbennasen-Norbert heißt, hat er vergessen. Du kannst Kokosnuss helfen, wenn du das Kreuzworträtsel löst und die Lösungsbuchstaben in die unteren Kästchen einträgst.

Lösung:

SCHRANK, MARMELADE, BILD, MOND, HAMMER

➜ Das Schiff von Narbennasen-Norbert heißt **MORSCHE MILDRED**.

Die Drachenkinder packen etwas ein. Schau mal, welche Wörter im Buchstabengitter von links nach rechts und von oben nach unten versteckt sind. Umkreise die Wörter mit einem farbigen Stift.

P	S	A	Z	E	L	T	G	A	X	T	O	N	E
Z	O	F	T	S	C	H	U	L	B	U	C	H	N
A	N	T	B	M	E	F	L	O	A	R	I	C	H
U	N	F	L	D	V	Q	Z	P	N	I	G	R	U
L	E	P	I	G	O	E	I	S	F	M	R	A	N
E	N	Q	M	U	F	K	N	E	N	A	I	K	S
T	H	K	O	E	D	E	I	F	A	T	L	U	F
S	U	F	N	R	A	R	S	Y	G	U	L	A	M
N	T	H	A	M	G	I	D	H	I	S	B	I	L
A	V	O	D	L	A	S	P	I	E	L	E	Z	X
F	P	A	E	H	K	O	A	N	F	A	S	C	H
Z	C	R	K	J	U	F	M	T	S	P	U	L	M
B	G	L	U	F	T	B	A	L	L	O	N	S	E
A	L	S	T	V	S	I	T	O	H	N	P	U	A

Lösung:

Von links nach rechts:
ZELT, SCHULBUCH, EIS,
SPIELE, LUFTBALLONS

Von oben nach unten:
SONNENHUT, LIMONADE,
GRILL

P	S	A	Z	E	L	T	G	A	X	T	O	N	E
Z	O	F	T	S	C	H	U	L	B	U	C	H	N
A	N	T	B	M	E	F	L	O	A	R	I	C	H
U	N	F	L	D	V	Q	Z	P	N	I	G	R	U
L	E	P	I	G	O	E	I	S	F	M	R	A	N
E	N	Q	M	U	F	K	N	E	N	A	I	K	S
T	H	K	O	E	D	E	I	F	A	T	L	U	F
S	U	F	N	R	A	R	S	Y	G	U	L	A	M
N	T	H	A	M	G	I	D	H	I	S	B	I	L
A	V	O	D	L	A	S	P	I	E	L	E	Z	X
F	P	A	E	H	K	O	A	N	F	A	S	C	H
Z	C	R	K	J	U	F	M	T	S	P	U	L	M
B	G	L	U	F	T	B	A	L	L	O	N	S	E
A	L	S	T	V	S	I	T	O	H	N	P	U	A

Matilda überlegt sich gerade, wie das Schiff vom Schlimmen Jim, dem berüchtigten Piratenkapitän, heißt. Löse das Kreuzworträtsel und trage die Lösungsbuchstaben in die unteren Kästchen ein, dann erfährst du es.

Lösung:

PANTOFFEL, WOLKE, TRÖTE,
FEDER, EISBECHER

➔ Das Schiff vom Schlimmen Jim
heißt **FLOTTE BERTA**.

Die Freunde von der Dracheninsel haben für das Wochenende etwas Besonderes geplant. Wenn du die Begriffe einträgst, die zu den kleinen Bilder gehören, erfährst du in den dick umrandeten Kästchen, was Kokosnuss, Oskar und Matilda vorhaben.

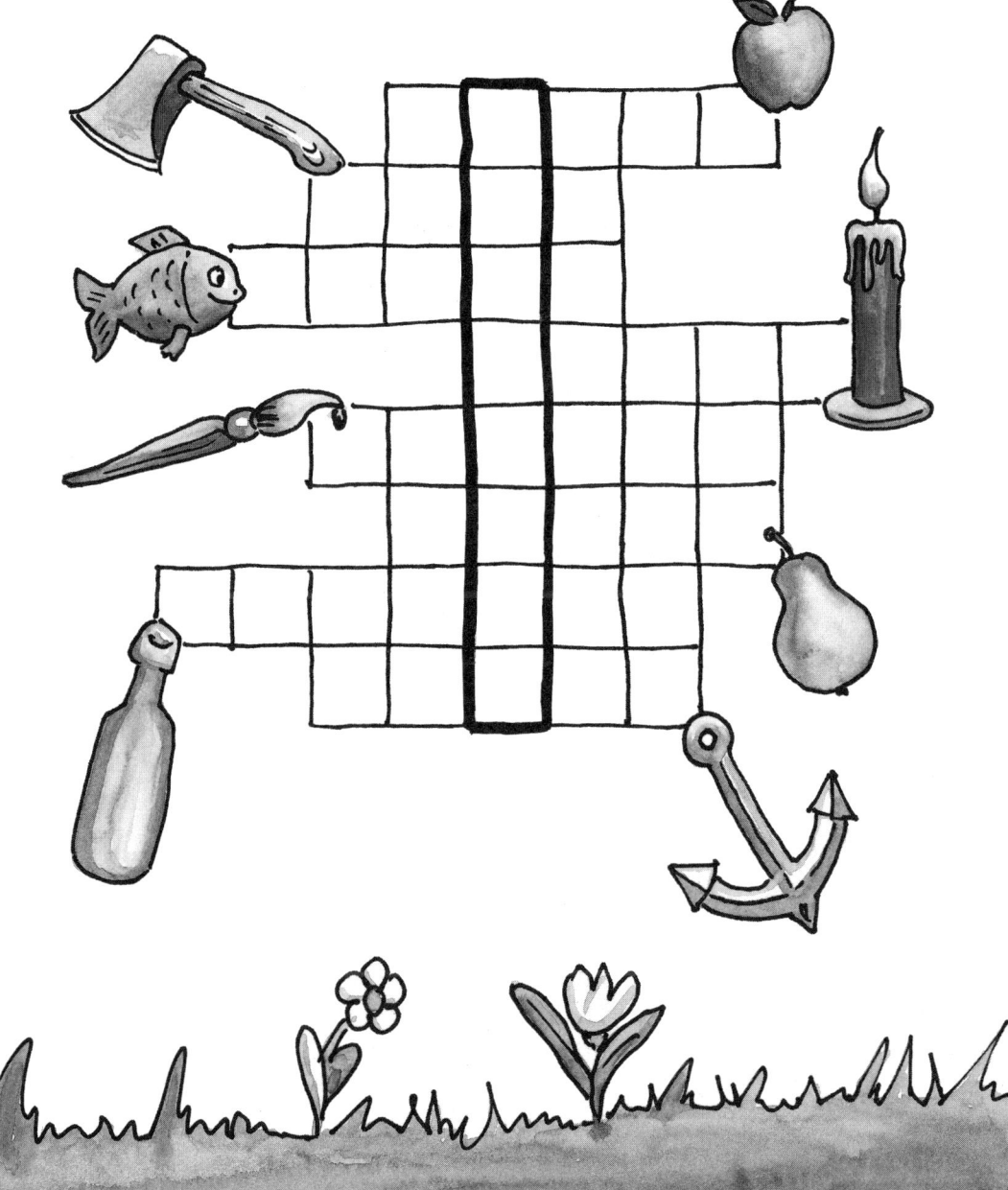

Lösung:

APFEL, BEIL, FISCH,
KERZE, PINSEL, BIRNE,
FLASCHE, ANKER

→ Die Freunde planen
ein **PICKNICK**.

Nach seiner Weltreise träumt der kleine Drache Kokosnuss noch lange von Ländern, die er besucht hat. Im Wortgitter sind fünf davon versteckt. Kannst du sie entdecken?

A	M	E	R	I	K	A	X	S	E	E	C
X	D	E	R	B	Z	T	G	S	W	E	R
L	K	J	U	Z	S	A	E	R	V	C	D
C	D	F	B	G	S	P	A	N	I	E	N
Y	X	V	B	C	X	Y	A	C	D	F	F
W	S	C	H	W	E	I	Z	X	C	F	C
X	S	W	Q	C	F	R	B	Z	U	M	K
J	C	B	R	A	S	I	L	I	E	N	V
X	D	F	V	G	G	R	X	S	A	S	S
Q	W	E	A	F	R	I	K	A	X	S	D

Lösung:

AMERIKA, SPANIEN, SCHWEIZ,
BRASILIEN, AFRIKA

A	M	E	R	I	K	A	X	S	E	E	C
X	D	E	R	B	Z	T	G	S	W	E	R
L	K	J	U	Z	S	A	E	R	V	C	D
C	D	F	B	G	S	P	A	N	I	E	N
Y	X	V	B	C	X	Y	A	C	D	F	F
W	S	C	H	W	E	I	Z	X	C	F	C
X	S	W	Q	C	F	R	B	Z	U	M	K
J	C	B	R	A	S	I	L	I	E	N	V
X	D	F	V	G	G	R	X	S	A	S	S
Q	W	E	A	F	R	I	K	A	X	S	D

In den dunklen Gängen unter dem geheimnisvollen Tempel findet Kokosnuss eine Inschrift, die er nur mit Mühe entziffern kann, weil die Mauersteine schon etwas abgebröckelt sind. Kannst du ihm helfen, die Botschaft zu entziffern?

Lösung:

HINTER DIESER
MAUER HAUST
DER
DONNERGOTT
VORSICHT
GEFAHR

Der Wikinger Gudröd ist ein Freund von Kokosnuss, Matilda und Oskar. Immer wieder segeln die Drachen und das Stachelschwein auf Gudröds Schiff mit. Wie nennt man diese Art Schiffe?

Lösung:

**FROSCH, DOSE, FLASCHE,
ANKER, KROKODIL, SCHWERT**

→ **DRACHENSCHIFF**

Wenn Matilda mal nicht mit Kokosnuss unterwegs ist, vertreibt sie sich die Zeit mit Sudoku-Rätseln. Mach mit! In jeder Spalte und in jeder Zeile darf jede Zahl nur einmal stehen.

Lösung:

2	3	4	1
4	1	3	2
1	4	2	3
3	2	1	4

D	B	C	A	E	F
E	A	F	B	C	D
B	F	A	E	D	C
C	D	E	F	A	B
F	E	D	C	B	A
A	C	B	D	F	E

Auweia, Kokosnuss möchte seinen Computer benutzen, hat aber das Passwort vergessen. Finde die Begriffe für die kleinen Bildchen und trage sie in die Kästchen ein. Dann erscheint das Passwort im umrandeten Feld.

Lösung:

DECKEL, K**R**UG, **A**UGE, S**C**HERE,
HERZ, ST**E**CKER, ZITRO**N**E, VO**G**EL,
K**R**ONE, **A**MEISE, BU**S**

→ Das Passwort für den Computer
lautet **DRACHENGRAS**

Kokosnuss, Matilda und Oskar haben sogar Freunde im Weltraum. Einer ist der Außerirdische Bobbi. Wenn du die Begriffe in die Kästchen einträgst, liest du in dem senkrechten Kästchenfeld, wie der Heimatplanet von Bobbi heißt.

Lösung:

ZANGE, PINGUIN, TOPF, LATERNE,
KNOCHEN, BÜRSTE, SCHLIPS, BANK,
PFERD, SPIRALE, SCHWERT, QUALLE

→ Bobbi kommt vom Planeten
ZITTERPAPPEL.

Oskar hat Pech gehabt: Sein Einkaufszettel ist leider in den Matsch gefallen. Jetzt ist alles verschmiert und kaum noch zu lesen. Kannst du Oskar beim Entziffern helfen? Trage die richtigen Buchstaben in die Lücken ein.

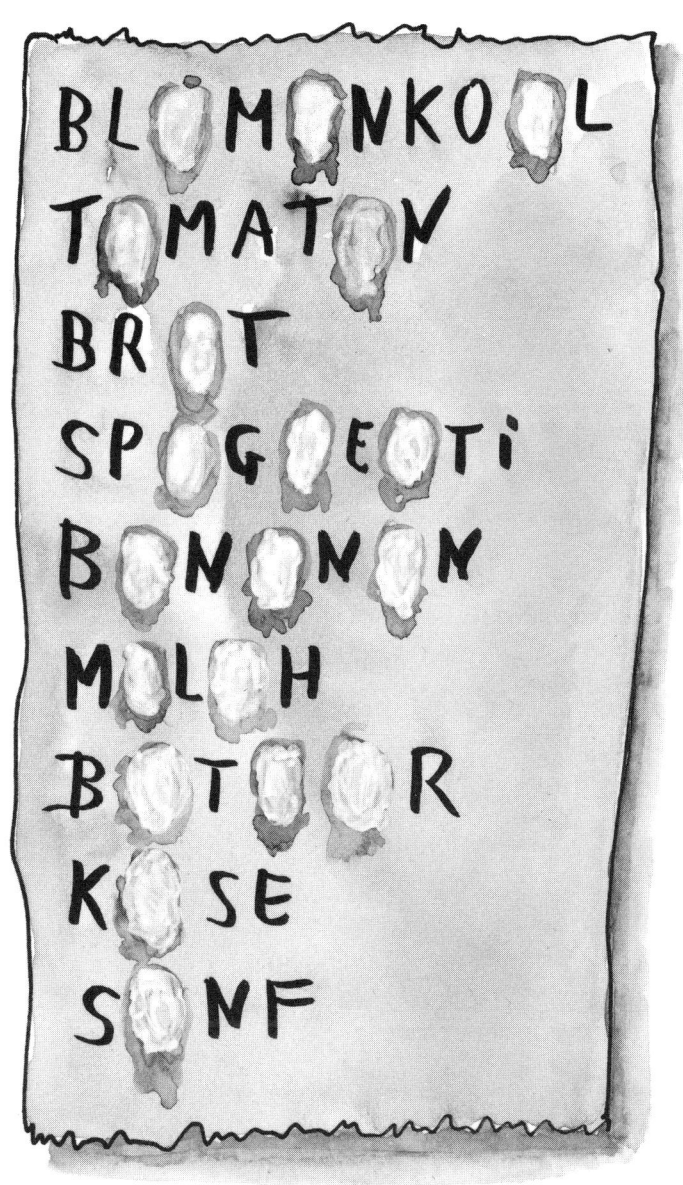

Lösung:

BLUMENKOHL
TOMATEN
BROT
SPAGHETTI
BANANEN
MILCH
BUTTER
KÄSE
SENF

Kokosnuss und seine Freundin Matilda wollen ein Sudoku lösen. Hilf ihnen! Jedes Teil darf in jeder Reihe senkrecht und waagrecht nur einmal vorkommen.

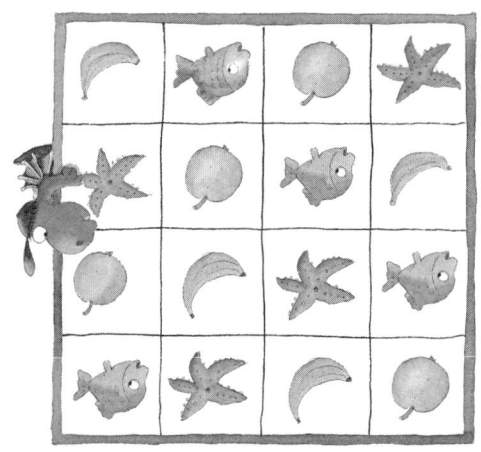

Für die nächsten Ferien haben Kokosnuss, Matilda und Oskar eine ganz besondere Abenteuerreise geplant. Wenn du die Lösungsbuchstaben in der richtigen Reihenfolge in die Kästchen schreibst, erscheint das Reiseziel.

Lösung:

SCHAL, **BL**UME, PFL**AS**T**ER**,
RADIESCHEN, FLIEG**E**

→ Das Reiseziel ist **AUSTRALIEN**.

Auf einer Fotosafari haben die Freunde acht Tiere fotografiert. Die Tiernamen haben sie hier aufgeschrieben. Lies die Buchstaben von oben nach unten und von rechts nach links und kreise die Tiernamen ein.

Z	U	S	R	E	H	S	M	O	N	F	I
N	A	F	F	E	L	C	L	X	O	A	M
H	M	M	S	E	R	H	O	L	D	U	N
P	E	M	S	N	N	L	H	K	O	L	T
Z	I	E	P	A	P	A	G	E	I	T	O
C	S	K	I	A	M	N	L	D	X	I	H
I	E	M	N	T	I	G	E	R	H	E	X
B	P	N	N	E	G	E	X	H	J	R	L
F	D	G	E	H	M	M	Q	R	O	V	I
L	K	R	O	K	O	D	I	L	M	N	P
A	C	E	G	H	M	N	P	H	G	L	A

Lösung:

AFFE, KROKODIL, SCHLANGE,
AMEISE, TIGER, FAULTIER,
PAPAGEI, SPINNE

Z	U	S	R	E	H	S	M	O	N	F	I
N	A	F	F	E	L	C	L	X	O	A	M
H	M	M	S	E	R	H	O	L	D	U	N
P	E	M	S	N	N	L	H	K	O	L	T
Z	I	E	P	A	P	A	G	E	I	T	O
C	S	K	I	A	M	N	L	D	X	I	H
I	E	M	N	T	I	G	E	R	H	E	X
B	P	N	N	E	G	E	X	H	J	R	L
F	D	G	E	H	M	M	Q	R	O	V	I
L	K	R	O	K	O	D	I	L	M	N	P
A	C	E	G	H	M	N	P	H	G	L	A

Trödelknödel liebt Italien und fährt bei jeder Gelegenheit dorthin. Wenn du das Kreuzworträtsel löst und die Lösungsbuchstaben in der richtigen Reihenfolge in die unteren Kästchen einträgst, erfährst du, warum.

Lösung:

SPACH**T**EL, **T**ORTE, **I**NSEL,
GURK**E**, **T**OM**A**TE

→ Trödelknödel isst für sein
Leben gern **SPAGHETTI**.

Der Fernsehapparat von Opa Jörgen ist kaputt. Die Freunde möchten bei der Reparatur helfen, aber erst müssen sie das Werkzeug-Sudoku lösen: In jeder Reihe, senkrecht und waagerecht, darf jedes Werkzeug nur einmal auftauchen.

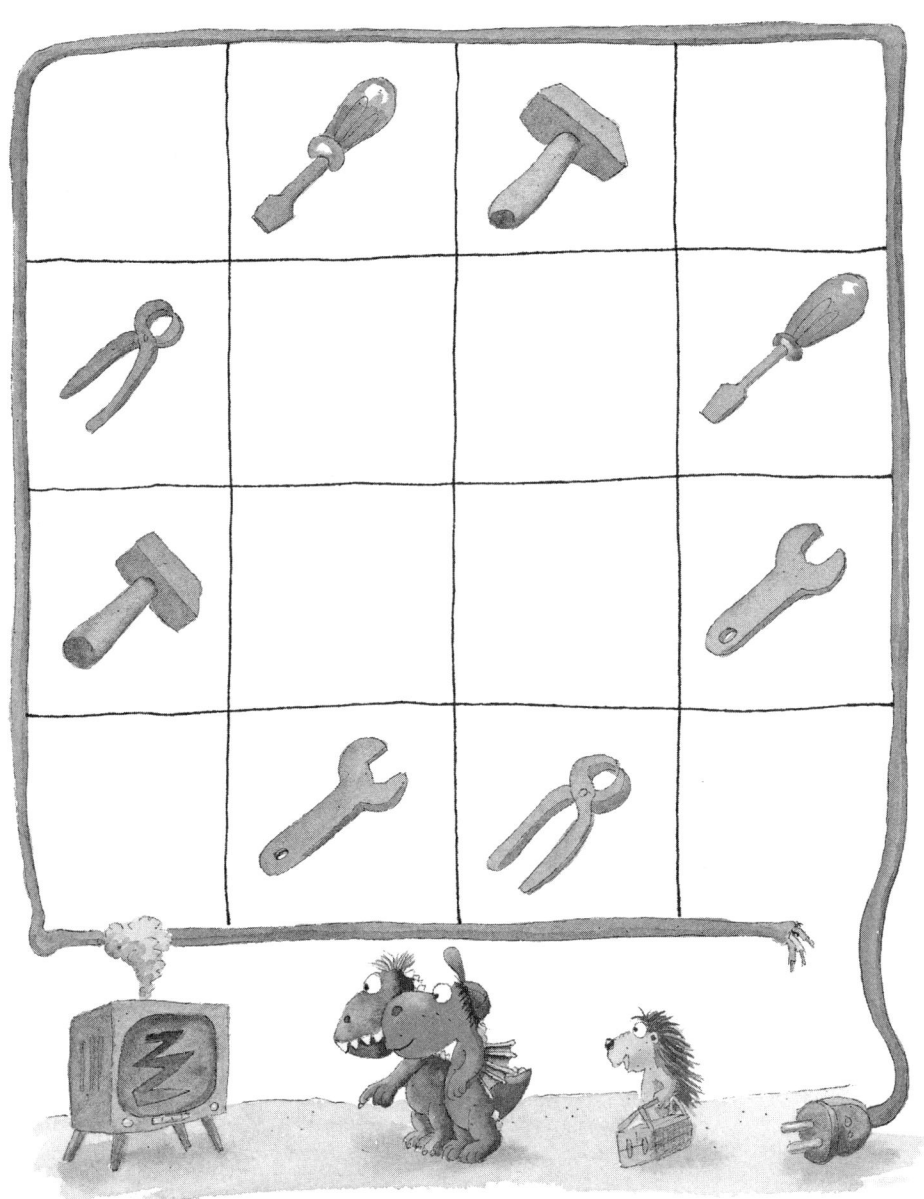

Kokosnuss, Oskar und Matilda haben sich für ihren Freund Trödelknödel ein Geschenk ausgedacht. Trage die Begriffe in die Kästchen ein. Wenn du die Lösungsbuchstaben in der richtigen Reihenfolge aufschreibst, kannst du die Geschenkidee lesen.

Lösung:

KREUZ, **R**ING, S**CHWE**IN, STERN,
IN**SE**L, HA**KE**N, B**I**RNE

→ Trödelknödel soll eine
WERKZEUGKISTE bekommen.

Es gibt etwas, das dem kleinen Drachen Kokosnuss nicht ganz geheuer ist. Wenn du die Begriffe für die kleinen Bildchen in die Kästchen einträgst und dann die Lösungsbuchstaben in der richtigen Reihenfolge ordnest, erfährst du es.

Lösung:

NASE, RING, TANNE, KASPER,
FEDERBALL, GIRAFFE, BURG

→ Kokosnuss findet **PIRATEN**
manchmal etwas gruselig.

Im alten Gemäuer unten am Fluss haben die Freunde etwas Merkwürdiges gefunden. Wenn du das Kreuzworträtsel löst und dann die Lösungsbuchstaben in die richtige Reihenfolge bringst, erfährst du, was es ist.

Lösung:

BLUMENVASE, SCHIRM, PILZ,
ZIRKEL, WASSERHAHN

→ Im alten Gemäuer finden
sie einen **VAMPIRZAHN**.

.

Die Freunde planen einen Ausflug. Schreibe unter jedes Bild, was da gezeigt wird. Die erste Zahl neben dem Bild sagt dir, welchen Buchstaben du von diesem Wort brauchst. Die zweite Zahl zeigt, in welches Kästchen du den Buchstaben unten eintragen musst, um das Lösungswort zu bekommen.

Lösung:

UHR, EIMER, MAUS, BROT,
ELCH, TASSE, ZANGE,
TASCHENMESSER, KÄSE

→ Die Freunde wandern in den
HIMMELSKRATZER-Bergen.

Kokosnuss, Matilda und Oskar begleiten Professor Champignon in eine ägyptische Pyramide, die ausgeraubt wurde. Was haben die Diebe gesucht?

Lösung:

MUMIE, **GA**BEL, PI**S**TOLE,
SCH**NE**CKE, **ZITR**O**NE**, KA**MEL**

→ Die Diebe haben einen
GOLDSCHATZ gesucht.

Matilda hat auf einem Felsen eine Botschaft entdeckt. Da sie mit Kreide geschrieben wurde, hat der Regen sie etwas verwischt. Kannst du Matilda helfen, die Botschaft zu entziffern?

Lösung:

Die Botschaft heißt:
WIR SIND
IM BAUMHAUS.
OSKAR + KOKOSNUSS.

Kokosnuss hat das Geschenk für Knödel eingepackt. Wenn du die Anfangsbuchstaben der Gegenstände auf dem Geschenkpapier in die richtige Reihenfolge bringst, weißt du, was Knödel bekommt. Aber nicht verraten!

Lösung:

LUFTBALLON, **E**IMER,
FENSTER, **F**ARBE, PADDEL,
OHR, **T**ASSE, **A**PFEL, **N**USS

➜ Knödel bekommt
PANTOFFEL geschenkt.

Wenn du nicht weißt, wie der Vampirjunge heißt, mit dem Kokosnuss, Matilda und Oskar befreundet sind, kannst du dieses Rätsel lösen, um es zu erfahren.

Lösung:

BAUM, MAU**S**, K**R**OKODIL,
KA**SSE**, AU**T**O, **BI**ER

→ Der Vampirjunge heißt
BISSBERT.

Matilda verpackt Geschenke für ihre Freunde. Was in den sechs Päckchen ist, versteckt sich im Buchstaben-Salat. Umkreise die Begriffe mit einem farbigen Stift.

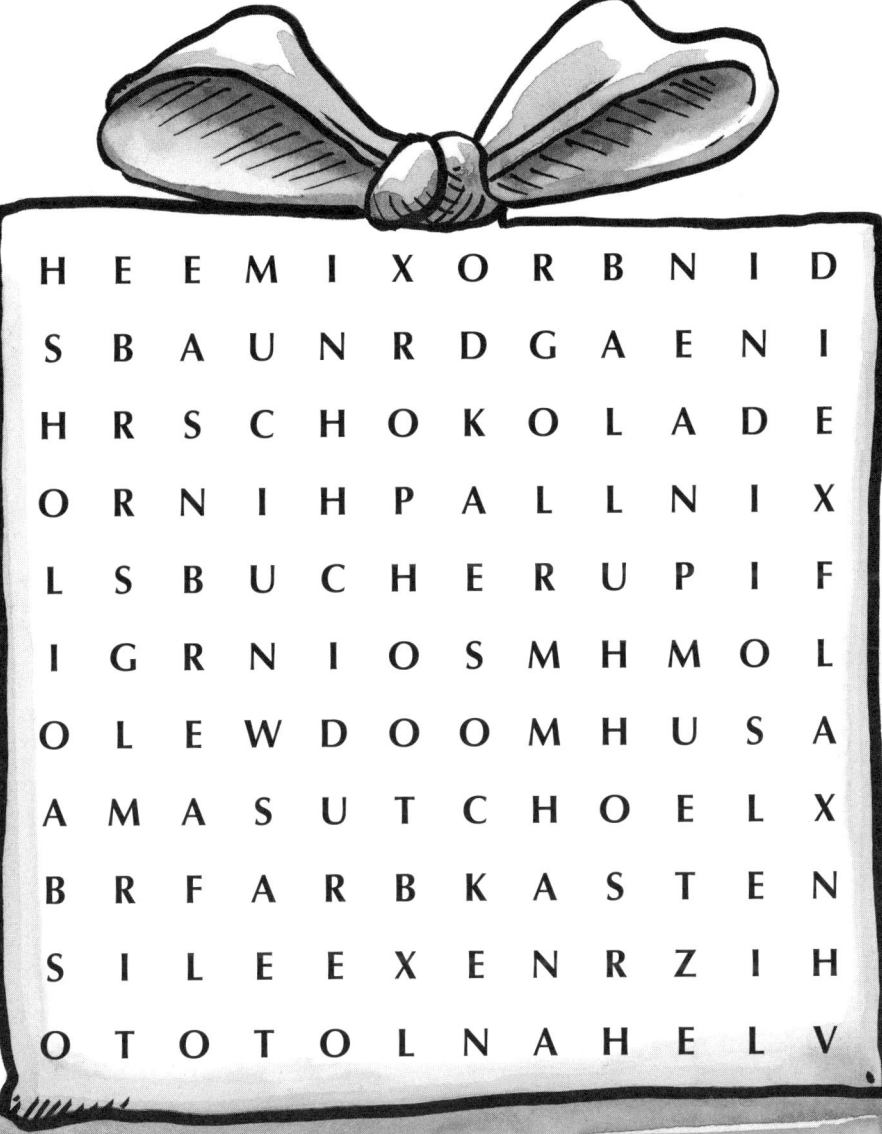

H	E	E	M	I	X	O	R	B	N	I	D
S	B	A	U	N	R	D	G	A	E	N	I
H	R	S	C	H	O	K	O	L	A	D	E
O	R	N	I	H	P	A	L	L	N	I	X
L	S	B	U	C	H	E	R	U	P	I	F
I	G	R	N	I	O	S	M	H	M	O	L
O	L	E	W	D	O	O	M	H	U	S	A
A	M	A	S	U	T	C	H	O	E	L	X
B	R	F	A	R	B	K	A	S	T	E	N
S	I	L	E	E	X	E	N	R	Z	I	H
O	T	O	T	O	L	N	A	H	E	L	V

Lösung:

SCHOKOLADE, BUCH,
FARBKASTEN, BALL,
SOCKEN, MUETZE

In den unterirdischen Gängen von Schloss Klippenstein findet Kokosnuss etwas, das er braucht, um seine Gespenster-Freunde zu besuchen. Was könnte es sein?

Lösung:

SCHLOSS, **S**CHWERT, KNOC**H**EN, PFEI**L**, SCH**Ü**SSEL, BE**S**EN, **S**ÄGE, FAHN**E**, SEGE**L**

→ Kokosnuss braucht einen **SCHLÜSSEL**, um das Schlosstor zu öffnen.

Weißt du, wie das Gespenst heißt, das im Schloss Klippenstein lebt? Löse das Kreuzworträtsel und schreibe die Lösungsbuchstaben in der richtigen Reihenfolge auf.

Lösung:

**MÜHLE, LINEAL, ZIRKUS,
STEMPEL, MAUS**

→ Die gespenstische Bewohnerin
von Schloss Klippenstein heißt
KLEMENZIA.

Kokosnuss und seine Freunde wollen eine Floßfahrt machen. In dem Buchstaben-Salat sind sechs Dinge versteckt, die sie unterwegs gut gebrauchen könnten.

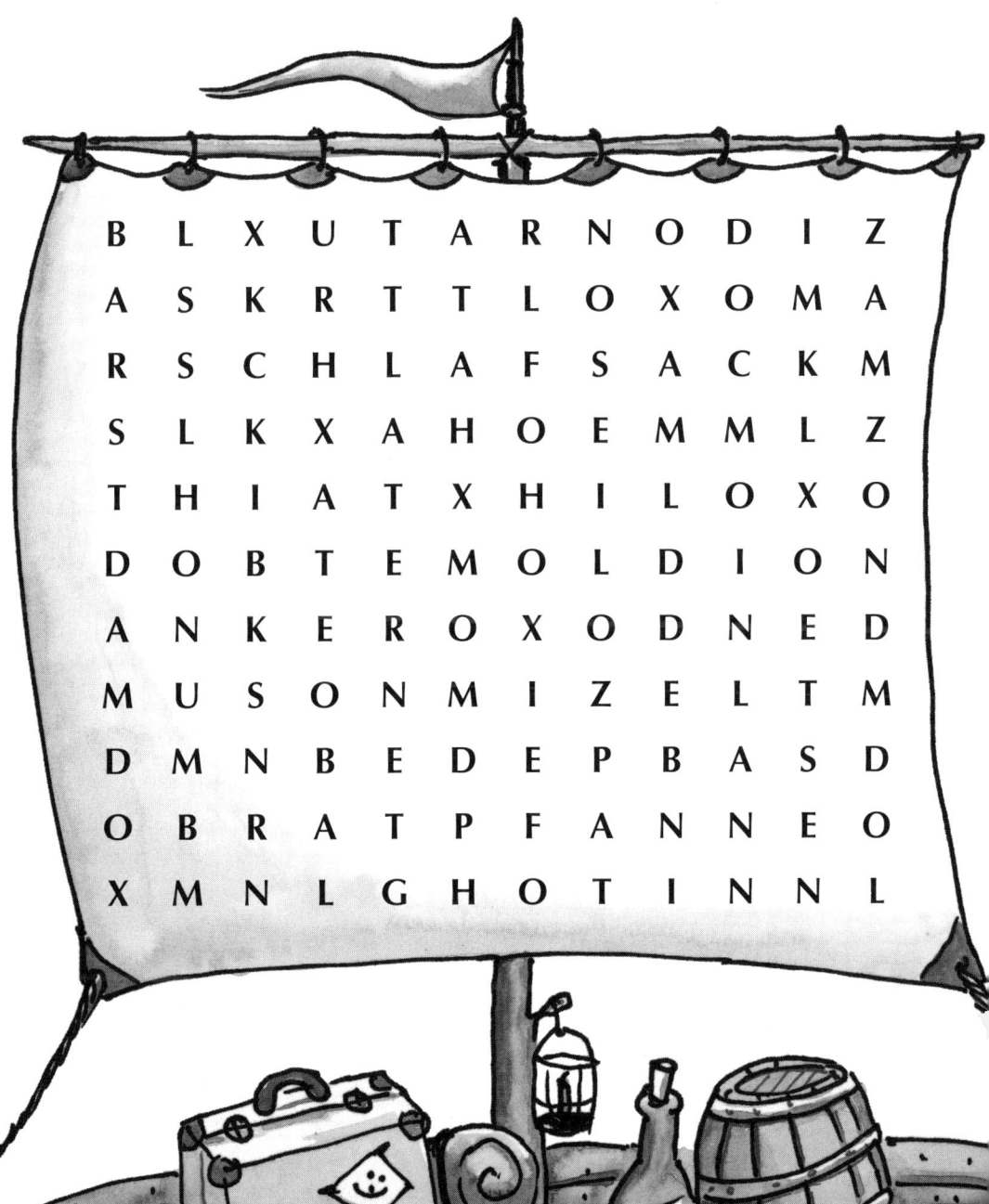

```
B  L  X  U  T  A  R  N  O  D  I  Z
A  S  K  R  T  T  L  O  X  O  M  A
R  S  C  H  L  A  F  S  A  C  K  M
S  L  K  X  A  H  O  E  M  M  L  Z
T  H  I  A  T  X  H  I  L  O  X  O
D  O  B  T  E  M  O  L  D  I  O  N
A  N  K  E  R  O  X  O  D  N  E  D
M  U  S  O  N  M  I  Z  E  L  T  M
D  M  N  B  E  D  E  P  B  A  S  D
O  B  R  A  T  P  F  A  N  N  E  O
X  M  N  L  G  H  O  T  I  N  N  L
```

Lösung:

SCHLAFSACK, LATERNE, ANKER, BRATPFANNE, ZELT, SEIL

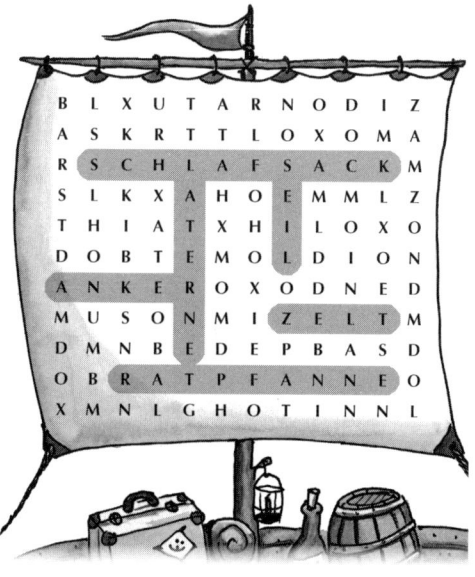

Bei diesem Buch wurden die durch das verwendete Material und die Produktion entstandenen CO_2-Emissionen ausgeglichen, indem der cbj Verlag ein Projekt zur Aufforstung in Brasilien unterstützt. Weitere Informationen zu dem Projekt unter: www.ClimatePartner.com/14044-1912-1001

Wir produzieren
Klimaneutral
ClimatePartner.com/14044-1912-1001
Druckprodukt

FSC
www.fsc.org
MIX
Papier | Fördert
gute Waldnutzung
FSC® C004378

Penguin Random House Verlagsgruppe
FSC® N001967

1. Auflage 2022
© 2022 cbj Kinder- und Jugendbuchverlag in der Penguin Random House Verlagsgruppe GmbH, Neumarkter Str. 28, 81673 München
Alle Rechte vorbehalten
„Der kleine Drache Kokosnuss" ist eine Figur von Ingo Siegner.
Artwork, Design und Rätsel: Alfred Dieler, Darmstadt
Lektorat: Hjördis Fremgen
Umschlaggestaltung: Sebastian Maiwind
hf · Herstellung: AW
Satz und Reproduktion: Lorenz+Zeller GmbH, Inning a.A.
Druck: PBtisk a.s., Příbram
ISBN 978-3-570-31510-1
Printed in the Czech Republic

www.drache-kokosnuss.de
www.cbj-verlag.de
www.youtube.com/drachekokosnuss